A ARTE DE RELAXAR

THICH NHAT HANH

A ARTE DE RELAXAR

Tradução
Edmundo Barreiros

Rio de Janeiro, 2021

Copyright © 2015 by Unified Buddhist Church. All rights reserved.
Título original: How to Relax

Todos os direitos desta publicação são reservados à Casa dos Livros Editora LTDA. Nenhuma parte desta obra pode ser apropriada e estocada em sistema de banco de dados ou processo similar, em qualquer forma ou ameio, seja eletrônico, de fotocópia, gravação etc., sem a permissão do detentor do copyright.

Diretora editorial: *Raquel Cozer*
Gerente editorial: *Alice Mello*
Editor: *Ulisses Teixeira*
Copidesque: *Thaís Lima*
Capa: *Osmane Garcia Filho*
Ilustrações de miolo: *Jason DeAntonis*
Diagramação: *Abreu's System*

CIP-Brasil. Catalogação na Publicação
Sindicato Nacional dos Editores de Livros, RJ

N479a

Nhat Hạnh, Thich
  A arte de relaxar / Thich Nhat hanh ; [ilustração Jason Deantonis]; tradução Edmundo Barreiros. – 1. ed. – Rio de Janeiro: Harper Collins, 2020.
  112 p.: il.

  Tradução de: How to relax
  ISBN 9786555110142

  1. Meditação. 2. Relaxamento. 3. Vida espiritual – Budismo. I. Deantonis, Jason. II. Barreiros, Edmundo. III. Título.

20-63979
CDD: 294.3
CDU: 24-583

Os pontos de vista desta obra são de responsabilidade de seu autor, não refletindo necessariamente a posição da HarperCollins Brasil, da HarperCollins Publishers ou de sua equipe editorial.

HarperCollins Brasil é uma marca licenciada à Casa dos Livros Editora LTDA.
Todos os direitos reservados à Casa dos Livros Editora LTDA.
Rua da Quitanda, 86, sala 218 — Centro
Rio de Janeiro, RJ — CEP 20091-005
Tel.: (21) 3175-1030
www.harpercollins.com.br

SUMÁRIO

Notas sobre relaxamento 9

Meditações para descansar e relaxar 93

Você não precisa reservar um tempo especial para relaxar. Não precisa de um travesseiro específico nem de um equipamento sofisticado ou de uma hora inteira de descanso. Na verdade, este momento, exatamente agora, é perfeito para isso.

Você está inspirando e expirando neste instante. Se conseguir fechar os olhos por alguns segundos, faça isso. Vai ajudar você a prestar atenção à sua respiração. Seu corpo está fazendo muitas coisas nesse momento. Seu coração está batendo. Seus pulmões estão inalando e exalando ar. Sangue está passando por suas veias. Sem esforço, você está ao mesmo tempo trabalhando e relaxado.

NOTAS SOBRE O RELAXAMENTO

DESCANSAR

Sempre que os animais na floresta ficam feridos, eles descansam. Procuram um lugar tranquilo e apenas ficam ali, sem se mexer por muitos dias. Eles sabem que é a melhor maneira para o corpo se curar. Durante esse tempo, eles podem até ficar sem comer ou beber. A sabedoria de parar e se curar ainda está viva nos animais, mas nós, seres humanos, perdemos a capacidade de descansar.

CURAR

Nós, seres humanos, perdemos a confiança de que o corpo simplesmente sabe o que fazer. Se temos tempo sozinhos, entramos em pânico e tentamos fazer muitas coisas diferentes. A respiração consciente nos ajuda a reaprender a arte de descansar. A respiração consciente é como um pai amoroso que embala um bebê, dizendo:

— Não se preocupe, vou cuidar de você. Só descanse.

A CONSCIÊNCIA DA RESPIRAÇÃO

Sua respiração é um local estável e sólido onde você pode encontrar refúgio. Não importa quais pensamentos, emoções e percepções estejam dentro de você, sua respiração está sempre presente, como um amigo fiel. Sempre que você se deixar levar por pensamentos, for tomado por emoções fortes ou se sentir ansioso e disperso, volte para sua respiração. Una o corpo à mente, e ancore sua mente. Tome consciência do ar entrando e saindo de seu corpo. Ao focar a respiração, respirar torna-se naturalmente algo leve, calmo e pacífico. A qualquer hora do dia ou da noite, sempre que estiver andando, dirigindo, cuidando do jardim ou sentado em frente a um computador, você pode voltar ao refúgio pacífico de sua própria respiração.

POEMA PARA DESCANSAR

A qualquer momento, podemos recitar esse pequeno poema para nós mesmos e dar uma minidescansada. Esse texto é como pequenas férias, só que o leva de volta a seu verdadeiro lar em vez de afastá-lo dele.

Ao inspirar, sei que estou inspirando.
Ao expirar, sei que estou expirando.

Você pode até encurtar esse poema. Ele funciona do mesmo jeito.
Para dentro.
Para fora.

SEGUINDO A RESPIRAÇÃO

Para aumentar o seu mindfulness e a sua concentração, acompanhe com delicadeza e tranquilidade sua inspiração e sua expiração até o fim. Só ficar sentado e acompanhar sua respiração pode proporcionar muita alegria e cura.

Ao inspirar, sigo minha inspiração até o fim.
Ao expirar, sigo minha expiração até o fim.

ÁGUAS CALMAS

Cada um de nós é como as ondas e também como a água. Às vezes estamos animados, barulhentos e agitados como as ondas. Às vezes estamos tranquilos como águas paradas. Quando a água está calma, ela reflete o céu azul, as nuvens e as árvores. Às vezes estamos em casa, no trabalho ou na escola e ficamos cansados, agitados ou infelizes, e precisamos nos transformar em águas calmas. Nós já temos essa calma em nós, só precisamos saber como fazer com que ela se manifeste.

MEDITAÇÃO

Meditar significa prestar total atenção a alguma coisa. Não significa fugir da vida. Em vez disso, é uma oportunidade para olhar fundo dentro de nós mesmos e da situação em que estamos.

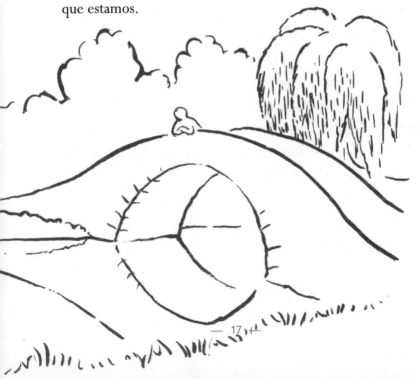

PARAR: O PRIMEIRO ASPECTO DA MEDITAÇÃO

A meditação tem dois aspectos. O primeiro é parar (*shamatha*, em sânscrito). Nós corremos por toda a nossa vida, perseguindo alguma ideia de felicidade. Parar significa interromper nossa corrida, nosso esquecimento, ou impedir que fiquemos presos no passado ou no futuro. Nós voltamos para casa, para o momento presente onde a vida está disponível. O momento agora contém todos os momentos. Aqui podemos tocar nossos ancestrais, nossos filhos e os filhos deles, mesmo que ainda não tenham nascido. Podemos acalmar nosso corpo e nossas emoções através da prática da respiração com mindfulness, do andar e do sentar-se com atenção plena. *Shamatha* também é a prática de se concentrar, para podermos viver profundamente cada momento de nossas vidas e tocar o nível mais profundo de nosso ser.

PARE PRIMEIRO

Se não conseguimos descansar, é porque não paramos de correr. Começamos a correr muito tempo atrás. Continuamos a fazê-lo, mesmo em nosso sono. Achamos que felicidade e bem-estar não são possíveis no presente. Se você conseguir parar e se estabelecer no aqui e agora, vai ver que há muitos elementos de felicidade disponíveis nesse momento, mais do que suficientes para você ser feliz. Mesmo que haja algumas coisas no presente das quais você não goste, ainda há muitas condições positivas para sua felicidade. Quando você anda pelo jardim, pode ver que uma árvore está morrendo, por isso você se sente triste e não consegue aproveitar o resto do jardim que ainda está bonito. Se olhar de novo, pode ver que ao seu redor ainda é bonito, e pode desfrutar disso.

OLHAR A FUNDO:
O SEGUNDO ASPECTO DA MEDITAÇÃO

O segundo aspecto da meditação é olhar a fundo (*vipashyana*, em sânscrito) para ver a verdadeira natureza das coisas. A compreensão é um grande dom. A vida cotidiana conduzida com mindfulness também é um grande dom; assim também é a prática da meditação. A atenção plena traz com ela a concentração e o entendimento.

MINDFULNESS NA VIDA DIÁRIA

Mindfulness ou atenção plena é a prática contínua de tocar profundamente cada momento de sua vida diária. Ter atenção plena é estar realmente presente com seu corpo e sua mente, harmonizar suas intenções e ações e estar em equilíbrio com as pessoas ao seu redor. Nós não precisamos separar tempo para isso fora de nossas atividades diárias. Podemos praticar o mindfulness em todos os momentos do dia — na cozinha, no banheiro ou no jardim, e quando vamos de um lugar para outro. Podemos fazer as mesmas coisas que sempre fazemos — andar, sentar, trabalhar, comer e assim por diante — com consciência e atenção plena em relação ao que estamos fazendo. Nossa mente está com nossas ações.

UMA POSIÇÃO RELAXADA

Qual é sua posição mais relaxada? Às vezes, achamos que só conseguimos relaxar se estivermos deitados. Mas também podemos nos sentar em uma posição relaxada. Sua postura pode ser ereta mas não rígida. Relaxe os ombros. Veja se é possível se sentar sem nenhuma tensão no corpo.

ENERGIA CURATIVA

Se você consegue se sentar meditando sozinho, em silêncio e em paz, isso já é relaxante e curativo. Mesmo que ninguém mais saiba que você está meditando, a energia que você produz é muito benéfica para você e para o mundo. Mas se você se sentar, caminhar e trabalhar com outras pessoas, a energia é amplificada e você vai cria uma energia poderosa e coletiva do mindfulness para sua própria cura e a do mundo. Isso é algo que uma pessoa não consegue fazer sozinha. Não prive o mundo desse alimento espiritual essencial.

A ENERGIA COLETIVA DA CURA
———

Normalmente pensamos em relaxar e curar como coisas que acontecem quando estamos sozinhos. Mas muitos milhares de pessoas participaram de meditações coletivas andando e meditação sentada em massa em algumas das cidades mais movimentadas do mundo. As pessoas caminharam com mindfulness e em paz em torno do Lago Hoan Kiem em Hanói. Deixaram pegadas de paz e liberdade nas antigas ruas e *piazzas* de Roma. Milhares de nós nos sentamos em silêncio e imóveis nos movimentados Trafalgar Square em Londres e Zucotti Park em Nova York.  Todos que participam dessa prática coletiva têm uma chance de entrar em contato com a energia da paz, da liberdade, da cura e da alegria. A energia coletiva gerada nessas ocasiões é um dom que podemos oferecer a nós mesmos, uns aos outros, à cidade e ao mundo.

CULTIVAR ALEGRIA

Podemos pensar na alegria como algo que acontece espontaneamente. Mas, na verdade, ela precisa ser cultivada e praticada para crescer. Quando nos sentamos praticando atenção plena com outros, é mais fácil sentar. Quando relaxamos com outros, é mais fácil relaxar. A energia coletiva pode nos ajudar quando estamos cansados ou quando nossa mente divaga. Ela pode nos trazer de volta a nós mesmos. Por isso é tão importante praticar com outras pessoas. No início podemos nos preocupar com não estarmos fazendo direito a meditação sentada ou andando, e podemos hesitar em praticar em grupo por medo de sermos julgados. Mas todos sabemos como nos sentar e respirar. Isso é tudo o que precisamos fazer. Depois de apenas alguns segundos de concentração em nossa respiração, podemos trazer paz e calma para nosso corpo e nossa mente.

Nós só precisamos prestar atenção a nossa inspiração e expiração. Concentre-se apenas nisso. É tudo o que é preciso para começar a acalmar a agitação em sua mente e em seu corpo e restaurar a estabilidade e a paz dentro de você. A concentração daqueles ao seu redor também vai apoiá-lo enquanto você começa a praticar. Faça um pouco disso todos os dias, sozinho ou com outras pessoas. Quando você treina assim, fica cada vez mais fácil voltar para sua respiração com atenção plena. À medida que treinar, mais fácil será tocar as profundezas de sua consciência, e com mais facilidade você vai poder gerar a energia da compaixão. Todos nós podemos fazer isso.

PRATICAR A ALEGRIA JUNTOS

Não podemos nos esforçar para relaxar, assim como não podemos usar muito esforço propriamente dito para entrar em estado de mindfulness. Quando praticamos juntos como uma comunidade, nossa prática de atenção plena se torna mais alegre, mais relaxada e firme. Somos sinos de mindfulness uns para os outros, apoiando e lembrando uns aos outros ao longo do caminho da prática. Com o apoio da comunidade, podemos cultivar paz e alegria em nós mesmos, que podemos então oferecer àqueles à nossa volta. Cultivamos a solidez e a liberdade, a compreensão e compaixão. Praticamos olhar a fundo para alcançar o tipo de percepção que pode nos livrar do sofrimento, do medo, da discriminação e da incompreensão.

MINDFULNESS DO CORPO
―――――

Em nosso corpo, pode haver tensão e dor. Se suprimimos ou ignoramos isso, então todo dia elas vão crescer e nos impedir de experimentar a felicidade que deveríamos ser capazes de experimentar. Quando temos tensão em nosso corpo, não conseguimos dormir nem comer bem. O mindfulness da respiração pode nos ajudar a relaxar e nos trazer paz. Podemos cuidar de nossa mente depois.

NOS COMUNICAR COM NÓS MESMOS

Às vezes queremos relaxar porque queremos não pensar. Isso é maravilhoso; todos precisamos de um tempo sem pensar. Mas isso não significa que devemos parar de escutar. Quando paramos de pensar, podemos começar a nos comunicar com nós mesmos escutando nossos corpos e emoções. Com toda a tecnologia que temos, precisamos apenas de alguns segundos para entrar em contato com aqueles que vivem distantes. Mas a verdadeira comunicação com outras pessoas não pode acontecer a menos que a gente pare, relaxe e escute a nós mesmos.

RESTAURAR O BEM-ESTAR

Liberar qualquer tensão e trazer calma ao seu corpo é o primeiro passo para a restauração do bem-estar. Você não pode curar seu corpo se não prestar atenção a ele. Levando sua mente para o conforto de seu corpo, você se estabelece no aqui e agora. Você tem uma chance de ter consciência, sem julgamentos, de qualquer dor, tensão ou sofrimento. Esse é o início da cura.

RESPIRAÇÃO PACÍFICA

Quando começamos a praticar a consciência de nossa respiração, ela pode não ser muito pacífica, mas acelerada, irregular ou entrecortada. Isso devido às tensões em nosso corpo, à tristeza e outras preocupações em nossa mente. Portanto, nossa respiração não é pacífica. Inspirando e expirando, nós nos concentramos apenas em nossa respiração. Se continuamos a praticar a consciência da respiração, ela se torna delicada, mais profunda e pacífica, e termina o estado de dispersão em nossa mente. Aqui temos três exercícios para levar paz à respiração. O primeiro é reconhecer a inspiração como inspiração, e a expiração como expiração. O segundo é reconhecer a extensão da inspiração e da expiração. O terceiro é focar a respiração por inteiro. Isso é concentração. Nós apenas observamos a respiração, nunca a forçamos. Nós permitimos que ela seja natural. Com consciência do movimento, ela se torna naturalmente mais ampla e tranquila.

Ao inspirar, sei que estou inspirando.
Ao expirar, sei que estou expirando.

Ao inspirar, vejo se minha respiração é longa ou curta.
Ao expirar, vejo se minha respiração é longa ou curta.

Ao inspirar, acompanho minha inspiração até o fim.
Ao expirar, acompanho minha expiração até o fim.

O SOM DO SINO

Comecei a convidar o sino aos 16 anos, idade em que me tornei um monge noviço. Nós dizemos "convidar o sino" em vez de "tocar o sino" porque pensamos no sino como um amigo. Queremos convidar seu som para os nossos corpos. Convidar um sino a soar é um jeito muito simples de relaxar. Quando o ouvimos, inspiramos e expiramos, e escutamos esse belo som. É isso. Se não temos um sino, podemos usar outro som — o toque de um telefone, um avião passando no céu, o alarme de um relógio, um timer no computador, ou os sons naturais a nossa volta. Nós podemos até usar o som de uma britadeira ou de um soprador de folhas.

SALA DE RESPIRAÇÃO

Você tem um espaço em sua casa dedicado a relaxar? Não precisa ser um espaço grande. Pode ser um cantinho (não sua cama!) ou qualquer lugar em um aposento que seja dedicado apenas a respirar e relaxar. Esse não é um espaço para comer ou fazer o dever de casa, nem dobrar roupa limpa nem construir nada. Isso é tão essencial quanto um lugar para comer, para dormir e para ir ao banheiro. Precisamos de um espacinho onde possamos cuidar de nosso sistema nervoso e restaurar nossa paz e tranquilidade.

TRAZER A PAZ AO NOSSO TERRITÓRIO

Todos nós temos um corpo físico, assim como sentimentos, percepções, pensamentos, emoções e uma consciência profunda. Isso forma nosso território, e somos os monarcas governantes dele. Mas não somos responsáveis. Há desarmonia e conflito em nossa terra. Não temos a capacidade de restaurar a paz e a harmonia. Ao invés de explorar nosso território, escapamos e nos refugiamos em algum tipo de consumo. A atenção plena é uma prática para lhe dar a coragem e a energia para voltar e abraçar seu corpo, seus sentimentos e suas emoções, mesmo que sejam desagradáveis. Mesmo que pareça que eles podem destruir você, volte e abrace-os e ajude-os a se transformarem. Se ainda estiver com medo, peça apoio a amigos de prática. Ao praticar a meditação andando, a respiração consciente e fazer as refeições com atenção plena, você cultiva a energia do mindfulness e é capaz de reinar pacificamente sobre seu território.

DIA DE PREGUIÇA

A maioria de nós tem vidas cheias de horários e agendas muito ocupadas. Mas nós temos dias de preguiça em nossa agenda? Um dia de preguiça é um dia para ficarmos sem nenhuma atividade programada. Apenas deixamos que o dia se desenrole naturalmente, sem preocupação com horário. Nesse dia temos uma chance de reestabelecer o equilíbrio em nós mesmos. Podemos fazer meditação andando sozinhos ou com um amigo, ou fazer meditação sentada na floresta. Podemos ler um pouco ou escrever para nossa família ou para um amigo. Pode ser um dia para olharmos mais profundamente para nossa prática e para nossas relações com os outros, ou reconhecer que simplesmente precisamos descansar. Quando temos tempo sem atividades programadas, costumamos ficar entediados, procurar entretenimento ou ir atrás de alguma coisa para fazer. Um dia de preguiça é a chance de treinarmos para não ter medo de fazer nada. Você pode achar que não fazer nada é perda de tempo. Mas isso não é verdade. Seu tempo é acima de tudo para você ser e estar — estar vivo, estar em paz.

ESTAR EM PAZ

O mundo precisa de pessoas alegres e amorosas capazes de apenas serem. Se você conhece a arte de estar em paz, então tem a base para todas as suas ações. A base da ação é ser e a qualidade do ser determina a qualidade do fazer. A ação deve ser baseada na não ação. As pessoas às vezes dizem:

— Não fique aí sentado, faça alguma coisa. Mas precisamos inverter essa frase para dizer:

— Não faça nada, fique sentado. E assim ficar de um jeito que a paz, a compreensão e a compaixão sejam possíveis.

O RELAXAMENTO PRECISA DO ENTENDIMENTO

Sabemos que há aqueles que se esforçam muito para terem a atenção plena, e mesmo assim não conseguem relaxar. Eles tentam respirar e tentam caminhar; eles se esforçam muito, e ainda assim não obtêm sucesso — porque se esforçar não é ter atenção plena. Não é porque você tem a intenção de relaxar que consegue fazê-lo. Não é porque você tem a intenção de parar que você consegue fazer uma pausa. Mindfulness, o verdadeiro mindfulness, deve carregar consigo visões verdadeiras, entendimento. Você precisa do entendimento para conseguir relaxar.

MINDFULNESS DE ALGUMA COISA

Mindfulness é sempre de alguma coisa. Podemos ter atenção plena com nossa respiração, nossos passos, nossos pensamentos e nossas ações. A atenção plena exige que botemos toda a atenção no que quer que estejamos fazendo, seja andar, respirar, escovar os dentes ou comer um salgadinho. Ter mindfulness já é estar desperto. Se podemos dizer com consciência:

— Ao inspirar, sei que tenho um corpo.

Isso já é um entendimento porque se sabemos que temos um corpo, podemos saber como cuidar dele. Se quisermos reduzir o estresse e a tensão, precisamos ter consciência de que fazemos demais. A verdadeira felicidade não é encontrada no sucesso, no dinheiro, na fama ou no poder, mas no aqui e agora. Com esse tipo de entendimento você pode realmente relaxar.

RELAXAR NA NATUREZA

Quando você caminha pelas colinas, em um parque ou às margens de um rio, pode acompanhar sua respiração. Quando se sente cansado ou irritado, pode se deitar com os braços ao lado do corpo, permitindo que todos os seus músculos relaxem, mantendo consciência apenas de sua respiração e seu sorriso. Relaxar desse jeito é maravilhoso e muito revigorante. Você vai ter muitos benefícios se praticar isso várias vezes ao dia. Sua respiração com atenção plena e seu sorriso vão trazer felicidade para você e para aqueles ao seu redor. Não há nada que você possa comprar para uma pessoa amada que possa dar a ela uma felicidade tão verdadeira quanto uma respiração consciente — e esses pequenos presentes não custam nada.

CURANDO A NÓS MESMOS, CURANDO A TERRA

Mindfulness e a consciência profunda da Terra podem nos ajudar a lidar com a dor e os sentimentos difíceis. Podem nos ajudar a curar nosso próprio sofrimento e a aumentar nossa capacidade de ter consciência do sofrimento dos outros. Compreendendo a generosidade da Terra, podemos gerar um sentimento agradável. Saber como criar momentos de alegria e felicidade é crucial para a cura. É importante conseguir ver as maravilhas da vida à nossa volta e reconhecer todas as condições para a felicidade que já existem. Então, com a energia da atenção plena, podemos reconhecer e abraçar nossos sentimentos de raiva, medo e desespero, e transformá-los. Não precisamos ficar oprimidos por essas emoções desagradáveis.

ACORDAR PARA O MOMENTO

A meditação andando é um jeito de despertar para o momento maravilhoso que estamos vivendo. Se nossa mente fica presa, preocupada com nossas preocupações e nosso sofrimento, ou se nos distraímos com outras coisas enquanto caminhamos, não conseguimos praticar o mindfulness nem desfrutar do momento presente. Estamos desperdiçando a vida. Mas, se estamos despertos, então vamos ver que esse é um momento maravilhoso que a vida nos deu, o único momento em que ela está disponível. Podemos valorizar cada passo que damos, e cada um deles pode nos trazer felicidade, porque estamos em contato com a vida, com a fonte de felicidade e com nosso amado planeta.

TRANSFORMAR UM SOM DESAGRADÁVEL

Um dia, durante um retiro nas montanhas do norte da Califórnia, havia um incêndio florestal por perto. Durante todo o dia, enquanto meditávamos sentados ou andando, ou fazíamos nossas refeições em silêncio, ouvíamos o barulho dos helicópteros. No Vietnã, durante a guerra, o som de helicópteros significava armas, bombas e morte. No refúgio, havia muitos praticantes de origem vietnamita que tinham passado pela guerra, por isso o som não era agradável para eles nem para os outros participantes. Mas não havia escolha. Então decidimos praticar ouvir o som dos helicópteros com o mindfulness. Com atenção plena, podíamos dizer a nós mesmos que aquilo não era um helicóptero operando em uma situação de guerra, mas um helicóptero que estava ajudando a apagar as chamas. Com o mindfulness, transformamos nossos sentimentos desagradáveis em um sentimento agradável de gratidão. Então praticamos inspirar e expirar ao som dos helicópteros. E sobrevivemos bem. Transformamos o barulho dos helicópteros em algo útil. E nós praticamos:

> *Eu escuto, eu escuto.*
> *Esse barulho de helicópteros*
> *me traz de volta*
> *ao momento presente.*

DORMIR

Quando você está na cama e não consegue dormir, a melhor coisa a fazer é voltar para sua respiração. Descansar é quase tão benéfico quanto dormir, e você vai saber que está fazendo o melhor possível. Leve paz para sua respiração e seu corpo para que consiga descansar.

APRENDENDO A DESCANSAR

Precisamos reaprender a arte de descansar. Mesmo quando temos férias, não sabemos o que fazer com elas. Com muita frequência, ficamos mais cansados depois das férias do que antes delas. Nós devíamos aprender a arte de relaxar e descansar, e separar um tempo todo dia para praticar relaxamento profundo sozinho ou com outras pessoas.

USAR O RONCO

Às vezes, você tem que dividir um quarto com alguém que ronca. Você pode ficar irritado ou, com o mindfulness, provocar compaixão. É possível usar o som do ronco para dormir. Escute e diga que isso traz você para casa, para o aqui e agora. Então você pode aceitar o ronco com muito mais facilidade e dormir graças ao barulho dele.

NOSSA IDEIA DE FELICIDADE

Digamos que você tenha uma noção de felicidade, uma ideia sobre o que vai fazê-lo feliz. Essa ideia tem raízes em você e em seu ambiente. A ideia lhe diz de que condições você precisa para estar feliz. Você acalentou essa ideia por dez ou vinte anos, e agora percebe que ela o está fazendo sofrer. Sua ideia pode conter um elemento de ilusão, raiva ou forte desejo, que são a matéria do sofrimento. Por outro lado, você sabe que tem outros tipos de experiência: momentos de alegria, liberdade ou amor verdadeiro. Você pode reconhecê-los como momentos reais de felicidade. Quando você vive um momento de verdadeira felicidade, é mais fácil se libertar dos objetos que tanto deseja, porque está desenvolvendo o entendimento de que eles não vão fazê-lo feliz.

Muitas pessoas tem o desejo de se desprender, mas não conseguem fazer isso porque não têm entendimento suficiente; elas não viram alternativas, outras portas para a paz e a felicidade. O medo é um elemento que impede que nos desprendamos. Temos medo de que, se nos desprendermos, não vamos tenhamos mais em quê nos agarrar. Desprender-se é uma prática, uma arte. Um dia, quando você estiver forte e determinado o bastante, vai se desprender das aflições que o fazem sofrer.

DESPRENDER-SE

"Desprender-se" significa se desapegar de *alguma coisa*. Essa coisa pode ser um objeto de sua mente, algo que criamos, como uma ideia, um sentimento, um desejo ou uma crença. Ficar preso a essa ideia pode trazer muita infelicidade e ansiedade. Nós queremos nos desprender, mas como? Não é suficiente apenas querer se desprender, primeiro precisamos reconhecer isso como uma coisa real. Precisamos olhar no fundo de sua natureza e de onde ela veio, porque elas nascem de sentimentos, emoções e experiências passadas, de coisas que vimos e ouvimos. Com a energia do mindfulness e concentração, podemos descobrir as raízes da ideia, do sentimento, da emoção ou do desejo. A atenção plena e a concentração levam ao entendimento, e ele pode nos ajudar a liberar o objeto em nossa mente.

SOLITUDE

Estar sozinhos pode nos ajudar a relaxar. Solitude não significa estarmos em solidão ou longe da civilização. A verdadeira solitude significa que não estamos sendo levados pela multidão, por mágoas do passado, por preocupações com o futuro ou por fortes emoções no presente. Não perdemos nossa estabilidade e nossa paz, mas nos refugiamos em nossa respiração com atenção plena e voltamos para o momento presente, e para a ilha de paz dentro de nós. Nós desfrutamos do tempo passado com outras pessoas, mas não nos perdemos em nossas interações. Mesmo em um mercado movimentado, podemos sorrir e respirar em paz, abrigados na ilha de nós mesmos.

DESPRENDER-SE DAS PREOCUPAÇÕES

Nossa prática é para aprender a cuidar do momento presente. Não se permita se perder no passado ou no futuro. Cuidando bem do momento presente, podemos conseguir mudar as coisas negativas do passado e nos preparar para um bom futuro. A prática nos ajuda a voltar para o momento presente, para nosso corpo, nossos sentimentos, para o ambiente à nossa volta. Quando inspiramos e expiramos com mindfulness, nossa mente se volta para nosso corpo, e estamos realmente ali para cuidar do momento presente. Se há algum estresse, alguma tensão em nós, praticamos a respiração com atenção plena para liberar a tensão, e isso nos proporciona alívio. Se há um sentimento doloroso, usamos mindfulness para abraçar nosso sentimento, e assim podermos conseguir alívio. O ponto-chave é você estar por inteiro no momento presente, no aqui e agora, para cuidar de si mesmo e do que está acontecendo ao seu redor. Você não pensa demais no futuro, não faz muitas projeções sobre o que ele poderia ser, e nem fica muito aprisionado no passado. Você precisa treinar para aprender a voltar para esse momento, cuidar dele, do seu corpo e de seus sentimentos nele. Enquanto você aprende a estar no momento presente, vai ganhando fé e confiança em sua habilidade de lidar com a situação. Você aprende a cuidar de seus sentimentos e do que está acontecendo ao seu redor. Isso o torna confiante, e com o crescimento de sua confiança, você não é mais uma vítima de suas preocupações.

A FELICIDADE É UMA QUESTÃO COLETIVA

Nós podemos aprender a lidar com nosso próprio medo e nossa dor. Depois disso, podemos ajudar outras pessoas, porque temos experiência direta com como lidar com o medo e a dor. Sofrimento e medo não são coisas que experimentamos sozinhos. Nossos pais, amigos e nossa sociedade também passam por isso. Você é eu, e eu sou você. Se algo maravilhoso acontece com um de nós, acontece com todos nós. Se algo terrível acontece com um de nós, acontece com todos nós. Essa resposta vem do entendimento do não eu. Com o entendimento do não eu, você vê que a sua dor e o seu medo, são um sofrimento coletivo. Com o entendimento do não eu, você vê que a felicidade é uma felicidade coletiva. Nós não estamos separados.

FAZER O QUE DIZ

Se você pratica o mindfulness para liberar a tensão, o estresse e a dor de seu corpo, você começa a se sentir melhor. Então, quando vê alguém tenso, com dor em seu corpo, pode mostrar como praticar a atenção plena. Essa pessoa vai acreditar em você, porque você tem experiência direta. Você fez o que diz. É por isso que é tão importante conseguirmos primeiro fazer isso para nós mesmos. Só o jeito que você vive a vida, como reage às situações, pode ser muito útil. Outras pessoas o veem reagir de maneira pacífica e agradável e já começam a aprender com você.

SEM ESFORÇO

Precisamos fazer algum esforço especial para ver a beleza do céu azul? Precisamos praticar para conseguir apreciar isso? Não, nós apenas apreciamos. Cada segundo, cada minuto de nossas vidas pode ser assim. Onde quer que estejamos, a qualquer momento, temos a capacidade de apreciar o brilho do sol, a presença uns dos outros, até a sensação da nossa respiração. Não precisamos ir à China para apreciar o céu. Não precisamos viajar para o futuro para apreciar nossa respiração. Podemos estar em contato com essas coisas agora mesmo. Seria uma pena se tivéssemos consciência apenas do sofrimento.

LIBERAR O ESTRESSE

O estresse se acumula em nosso corpo. O jeito que comemos, bebemos e vivemos cobra seu preço sobre nosso bem-estar. Deitado e levando uma consciência delicada para sua respiração, podemos conseguir o descanso e a recuperação para nosso corpo físico. Encontre espaço em seu dia onde possa praticar respiração com atenção plena e se desprender das tensões. Em apenas cinco, dez ou vinte minutos, você pode reestabelecer a atenção plena e dissipar o estresse. Quando tem dificuldade para dormir, siga sua inspiração e expiração. Leve sua consciência para as diferentes partes de seu corpo uma de cada vez e permita que elas relaxem. Às vezes, isso ajuda a dormir. A prática é muito boa mesmo que você não durma, pois ela o nutre e permite que você descanse.

A VIDA É TERRÍVEL E MARAVILHOSA

Meditação significa ter consciência do que está acontecendo — em nossos corpos, em nossos sentimentos, em nossas mentes e no mundo. A cada dia, milhares de crianças morrem de fome e espécies de plantas e animais são extintas. Apesar disso, o nascer do sol é belo, e a rosa que desabrochou esta manhã perto do muro é um milagre. A vida é ao mesmo tempo terrível e maravilhosa. Praticar meditação é estar em contato com os dois aspectos da vida.

NÃO DESPERDICE SUA VIDA

Na bancada de madeira fora do salão de meditação em muitos mosteiros Zen, há uma inscrição de quatro linhas. A última delas diz: "Não desperdice sua vida." Nossas vidas são feitas de dias e horas, e cada hora é preciosa. Estamos as desperdiçando? Não estamos dando valor às nossas vidas? Quando meditamos sentados ou andando, é mais fácil ter atenção plena e se concentrar. Durante o resto do dia, nós também podemos praticar. É mais difícil, mas é possível. Sentar e caminhar podem ser estendidos a momentos em que não estamos sentados nem caminhando em nosso dia a dia. Esse é o princípio básico da meditação.

FELICIDADE E CONSCIÊNCIA

Por favor, não ache que precisamos ser solenes para meditar. Se estamos ou não felizes, isso depende de nossa consciência. Quando você tem uma dor de dente, acha que não ter uma dor de dente iria deixá-lo muito feliz. Mas quando você não tem dor de dente, com frequência ainda não está feliz. Todos nós temos a capacidade de transformar sentimentos neutros em agradáveis. Se você está descansado e relaxado, todos os seres vivos vão tirar proveito de seu relaxamento e energia. Esse é o tipo de trabalho mais básico para a paz.

SORRIR

Um sorriso pode relaxar centenas de músculos no rosto e o sistema nervoso. Um sorriso faz de você mestre de si mesmo. Durante todo o dia, podemos praticar sorrir. No início, você pode achar difícil, e precisamos pensar por quê. Sorrir significa que somos nós mesmos, que não estamos afogados em esquecimento. Eu gostaria de apresentar um poema curto que você pode recitar de vez em quando enquanto respira e sorri.

Ao inspirar, acalmo meu corpo.
Ao expirar, sorrio.
Abrigado no momento presente,
Sei que é um momento maravilhoso.

ACALMAR-SE

"Ao inspirar, acalmo meu corpo." Recitar esse verso é como beber um copo de água gelada — você sente o frescor permear seu corpo. Quando inspiro e recito esse verso, consigo realmente sentir a respiração acalmar meu corpo, acalmar minha mente.

MOMENTO PRESENTE, MOMENTO MARAVILHOSO

Enquanto estou aqui sentado, não desejo estar em outro lugar; não sou atraído pelo futuro nem pelo passado. Fico aqui sentado e sei onde estou. Isso é muito importante. Costumamos estar vivos no futuro, não agora. Dizemos:

— Espere até eu terminar a escola e fazer meu doutorado, aí vou viver de verdade. Quando alcançamos isso, e não é fácil fazê-lo, dizemos a nós mesmos:

— Preciso esperar até arranjar um emprego para minha vida começar de verdade.

Então, depois do emprego, um carro, e depois do carro, uma casa. Não somos capazes de estar vivos no momento presente. Costumamos adiar estar vivos para o futuro, tão distante de nós que não sabemos quando. É como se o agora não fosse o momento para estar vivo. Nós podemos nunca estar vivos em toda nossa vida. A verdade é que, o único momento para estar vivo é o presente.

CURAR A SI MESMO

Precisamos acreditar na capacidade que nosso corpo tem para se curar. O poder de curar a si mesmo é uma realidade, mas muitos de nós não acreditamos nisso. Em vez disso, tomamos muitas vitaminas e remédios que às vezes podem ser prejudiciais. Cuidando bem de nossos corpos, comendo bem, mas não demais, dormindo e bebendo água, precisamos acreditar no poder da compreensão, da cura e do amor dentro de nós. É nosso refúgio. Se perdemos nossa fé e confiança nisso, perdemos tudo. Em vez de entrar em pânico ou nos entregarmos ao desespero, praticamos respiração com atenção plena e depositamos nossa confiança no poder de cura dentro de nós. Chamamos isso de uma ilha dentro de nós, na qual podèmos buscar refúgio. É um lugar de paz, confiança, solidez, amor e liberdade. Seja essa ilha para você mesmo. Não é preciso procurar em outro lugar. Respirar com atenção plena ajuda a voltar para essa ilha preciosa em seu interior, de modo que você possa experimentar as fundações de seu ser.

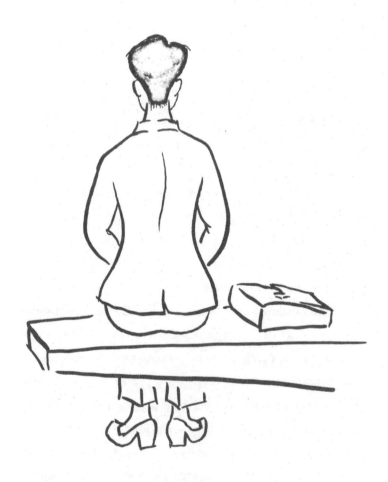

A GUERRA INTERIOR

Sabemos que muitos de nós não gostamos de voltar para casa e ficar sozinhos. Temos medo. Há muito sofrimento e conflitos internos que queremos evitar. Reclamamos que não temos tempo para viver; apesar disso, tentamos matar nosso tempo livre sem retornar para nós mesmos. Escapamos ligando a televisão ou lendo um romance ou uma revista, ou saímos para dar uma volta de carro. Fugimos de nós mesmos e não cuidamos do nosso corpo, nossos sentimentos e estados mentais. Precisamos ir para casa. Se estamos em conflito com nossos pais, amigos, sociedade ou religião, pode ser por haver uma agitação em andamento dentro de nós. Uma batalha interna facilita outras guerras. Temos medo de voltar para casa porque não temos as ferramentas ou os meios de autoproteção. Equipados com o mindfulness, podemos ir para casa em segurança e não nos sentirmos oprimidos por nossa dor, tristeza e depressão.

Com algum treino, com a prática de caminhadas e respiração com atenção plena, vamos conseguir ir para casa e abraçar nossa dor e tristeza.

ÁGUA SOBRE AS PEDRAS

As atividades de nossa mente, frequentemente instáveis e agitadas, são como uma torrente de água sobre as pedras. Na literatura budista tradicional, a mente é frequentemente comparada a um macaco sempre balançando de galho em galho, ou a um cavalo galopando sem controle. Quando nossa mente consegue identificar o que está acontecendo, podemos perceber claramente nosso estado mental e acalmá-lo. Só isso vai nos trazer paz, alegria e quietude.

UM BARCO NA TEMPESTADE

Suponha que você está em um barco atravessando o oceano. Se você for pego por uma tempestade, é importante permanecer calmo e não entrar em pânico. Para conseguir isso, volte para sua respiração e seja você mesmo. Quando você está calmo, quando se torna verdadeiramente sua própria ilha, vai saber o que fazer e o que não fazer. Do contrário, o barco pode virar. Nós nos destruímos fazendo coisas que não devíamos fazer. Busque refúgio no mindfulness, e vai ver as coisas com mais clareza e saber como melhorar a situação. A atenção plena leva à concentração, e a ela ao entendimento e à sabedoria. Esse é o refúgio mais seguro. A segurança e a estabilidade que sua ilha pode proporcionar dependem de sua prática. Tudo — consolar uma criança, construir uma casa ou jogar vôlei — depende de sua prática.

NEM TUDO É SOFRIMENTO

Há pessoas que dizem que tudo é sofrimento. Isso não é verdade. É um exagero e incompreensão do que Buda falou. Ele disse que há sofrimento, mas não que há apenas isso. Há causas que levam ao sofrimento, e é possível chegar a um estado de ausência delas. Claro que não devemos sonhar que um dia vamos ter cem por cento de felicidade, nenhuma gota de sofrimento. Há sempre alguma coisa. Mas podemos lidar com o sofrimento e a felicidade de um jeito habilidoso.

LIBERAR A TENSÃO

A maneira de liberar todas as suas tensões é através da nossa respiração com atenção plena. Então sempre começamos com o mindfulness. Ele leva a mente ao momento presente, e vemos e experimentamos as coisas de um jeito mais profundo. Ao voltar para o agora, você pode ver se seu corpo está tenso. Nós olhamos profundamente e vemos que:

— Estou tenso porque estou sendo levado por minhas preocupações, ansiedades e planos.

Aí podemos assumir a determinação de não nos deixarmos ser levados assim.

DESEJO E FELICIDADE

Buda costumava dizer que muitas pessoas confundem desejo com felicidade. Antes de se tornar monge, Buda foi criado como príncipe e provou uma vida baseada na satisfação de desejos, então suas palavras vêm da experiência. Ele disse que a verdadeira felicidade é uma vida com poucos desejos, poucas posses e tempo para desfrutar das muitas maravilhas em nós e a nossa volta. O desejo significa ser apanhado em um anseio prejudicial. Quando a mente deseja, temos consciência da presença desse estado mental. "Isso é a mente desejando riqueza." "Isso é a mente desejando reputação." Quando ela não está desejando, é importante observar a falta desse anseio. "Essa é a sensação de conforto que acompanha a ausência de uma mente desejando riqueza." "Essa é a sensação de conforto que acompanha a ausência de uma mente desejando reputação." Podemos experimentar felicidade, conforto e paz quando observamos esses momentos sem desejo. Não desejar é a condição básica que torna possível a sensação de alegria, tranquilidade e bem-estar que vem com uma vida simples. Simplicidade significa ter poucos desejos, estar satisfeito com uma vida pacata e poucas posses. Não desejar é a base da verdadeira felicidade, pois nela deve haver entusiasmo, harmonia e comodidade.

RELAXAR ONDE ESTAMOS

Morando na cidade, ficamos muito ocupados, e temos que lidar com o barulho e a poluição. Nunca conseguimos ver a lua e as estrelas e ficamos presos na rotina. Queremos tirar uma folga de dois dias para passear e ir para o campo, mas não conseguimos porque não conseguimos nos desprender. Um dia chega um amigo e diz:

— Nesta sexta-feira, vamos para o interior.

Essa pessoa é muito boa em nos convencer a viajar, então aceitamos. Entramos no carro, e, depois de apenas 45 minutos, deixamos as grandes construções para trás e podemos ver o campo. Sentimos a brisa, vemos os grandes espaços, e isso nos dá alegria. Essa sensação vem de sermos capazes de nos desprender e abandonar a cidade. Libertar-se aumenta a alegria e a felicidade. Precisamos nos sentar e escrever em uma folha de papel as coisas das quais podemos nos desprender. Ainda ficamos presos à muitas coisas. Não somos felizes e cheios de alegria porque não conseguimos nos deixar as coisas para trás.

IDEIAS DE FELICIDADE

Para sermos felizes, primeiro precisamos nos desprender de nossas ideias de felicidade. É difícil. Cada um de nós tem uma ideia de felicidade: achamos que precisamos ter uma coisa ou outra para sermos felizes, ou que precisamos eliminar uma coisa ou outra para sermos felizes. Achamos que precisamos estar em certas condições. Precisamos ter essa casa ou esse carro ou que aquela pessoa viva conosco para podermos ser felizes. Nós temos essas ideias de felicidade. Se não conseguimos ser felizes e alegres, é porque estamos presos em nossas ideias. Então precisamos ser capazes de nos desprender delas. Nossa ideia de felicidade é o principal obstáculo para a felicidade.

SEM BOIS PARA PERDER

Um dia, Buda estava sentado almoçando em silêncio com seus monges na floresta, e um fazendeiro chegou correndo e perguntou:

— Caros monges, vocês viram meus bois? Todos eles desapareceram esta manhã. Se eu não tiver meus bois, como posso viver? Insetos devoraram minhas plantações de gergelim; não consegui colher nada. Não consigo viver, acho que vou me matar.

Buda disse:

— Caro amigo, nós estamos sentados aqui há algum tempo e não vimos nenhum boi passar. Talvez você possa procurar em outra direção.

Então o fazendeiro foi embora. Buda se virou para seus monges e disse:

— Caros monges, vocês têm muita sorte, não têm nenhum boi para perder.

Um boi representa algo do qual precisamos nos desprender. Nossa ideia de felicidade é um boi. E por causa dela, não conseguimos ser felizes.

DAR NOME AOS BOIS

Cada um de nós precisa se sentar com uma folha de papel e escrever o nome de todos os nossos bois. Entre eles estão nossa ideia de felicidade. Ficamos presos e sofremos. Lutamos contra todas essas coisas, mas não temos a capacidade de nos desprender delas. Quantos bois nós temos? Às vezes, vemos que uma página não é suficiente para escrever os nomes de todos. A verdade é que, se você se libertar desses bois, vai ficar mais leve, e sua felicidade vai ser muito maior. Desprenda-se para que a felicidade, a alegria e a paz sejam possíveis.

NOSSA PAZ É O QUE HÁ DE MAIS PRECIOSO

O despertar é algo que acontece hoje, não em dez ou vinte anos. Entendimentos podem vir continuamente para nos dar a compreensão do que precisamos para nos desemaranhar de ligações. Quando nossa mente está embaralhada com raiva, ciúme ou tristeza, podemos permanecer nesse estado; hora após hora, dia após dia. É uma pena, porque, enquanto isso, a vida é maravilhosa. Se nos concentrarmos apenas em inspirar e ver que nosso corpo é uma maravilha, podemos ver que nada mais importa. Só a paz em nosso corpo e nossa mente interessa. Qualquer um pode chegar a esse entendimento. Enquanto estamos sentados, estamos com a nossa respiração, podemos nos desprender de tensões e ter paz. Essa paz é a coisa mais preciosa que existe, mais do que qualquer busca.

A LIBERDADE É UMA PRÁTICA

Se você quer ser livre, apenas se concentre em sua inspiração e expiração. Inspire e expire por três minutos, e nesses três minutos você é livre. Essa liberdade é algo que precisamos treinar para ter. Não é algo que vem automaticamente. Uma vez libertos, isto é, quando não estamos tomados por raiva ou ansiedade, podemos decidir praticar o cultivo dessa liberdade. Quando estamos ansiosos, preocupados ou com raiva, não conseguimos tomar boas decisões. Quando somos livres, fazemos escolhas melhores. Essa liberdade é algo que podemos obter sempre que quisermos com a prática de respirar e caminhar com atenção plena.

NÃO FIQUE OCUPADO DEMAIS

Quando você faz suas atividades diárias, percebe que está sentindo falta de alguma coisa? Enquanto lava a louça, prepara uma refeição, limpa a cozinha, enquanto anda, está parado de pé, sentado ou deitado, o que você está procurando? Não há nada com o que se preocupar. Você está livre; não há nada a fazer ou perseguir. Talvez você esteja em busca de algo, calculando ou sentindo-se agitado. Seus pés e mãos podem sempre pensar que têm que estar fazendo alguma coisa. Quando você medita sentado ou andando, não se esforce demais. Você não está tentando alcançar alguma coisa. A meditação não deve ser um esforço. O princípio é ser comum, não se ocupar demais. Nós simplesmente vivemos de um jeito normal. Quando comemos, apenas comemos. Se precisamos urinar, urinamos. Se estamos cansados, então podemos descansar.

COMPAIXÃO POR SI MESMO

Não considere a raiva, o ódio e a cobiça como inimigos a serem combatidos, destruídos ou aniquilados. Se você acabar com a raiva, vai acabar consigo mesmo. Lidar com essa emoção dessa forma seria como transformar a si mesmo em um campo de batalha, e se fazer em pedaços. Se você se esforça assim, pratica violência contra si mesmo. Se não consegue ser compassivo com você mesmo, não vai ser com outros. Quando ficamos com raiva, precisamos produzir consciência: "Estou com raiva. Há raiva em mim. Eu sou a raiva." Essa é a primeira coisa a fazer.

Ao inspirar, sinto minha raiva.
Ao expirar, sorrio.
Permaneço com minha respiração
para não me perder.

NÃO CULPE

Ao plantar uma árvore, se ela não cresce bem, você não a culpa por isso. Você procura as razões para ela não estar indo bem. Pode estar precisando de fertilizante, mais água ou menos sol. Nunca culpamos a árvore. Apesar disso, rapidamente culpamos nossos filhos. Se sabemos cuidar deles, eles vão crescer bem, como uma árvore. Culpar não tem nenhum efeito positivo. Nunca culpe nem tente convencer usando a razão e argumentos; eles nunca levam a lugar nenhum. Essa é minha experiência. Nenhum argumento, nenhum raciocínio, nenhuma culpa, só compreensão. Se você compreende, e mostra que entende, pode amar, e então, a situação muda.

A RESPIRAÇÃO É UMA PONTE

Nossa respiração é como uma ponte que conecta o corpo e a mente. Em nossas vidas diárias, nossos corpos podem estar em um lugar e nossas mentes em outro, no passado ou no futuro. Isso se chama estado de distração. A respiração é uma conexão entre o corpo e a mente. Quando você começa a inspirar e a expirar com atenção plena, sua mente volta para seu corpo. Você consegue perceber a unidade do corpo e da mente e se tornar totalmente presente e totalmente vivo no aqui e agora. Você vai estar em posição de tocar a vida a fundo nesse momento. Isso não é algo difícil. Todo mundo pode fazer.

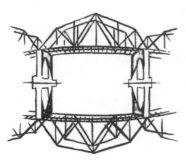

PRÁTICA RELAXADA

Na medicina tradicional chinesa, médicos às vezes oferecem aos pacientes algo curativo que é delicioso de se comer. Ao comer, você começa a se curar de um jeito agradável e relaxado. Isso também acontece com a prática. Enquanto você pratica sentar-se, você desfruta de sentar. Enquanto pratica respirar, desfruta de respirar. Se você consegue se apreciar de verdade, então a cura e a transformação vão acontecer.

LIBERAÇÃO

Costumamos viver como se estivéssemos em um sonho. Somos arrastados para o passado ou puxados para o futuro. Ficamos presos por tristeza, agitação e medo. Nos aferramos à raiva, o que bloqueia a comunicação. "Liberação" significa transformar e transcender essas condições para estar totalmente desperto, confortável, em paz, alegre e renovado. Praticamos parar e observar profundamente para chegar à liberação. Quando vivemos desse jeito, nossa vida vale a pena ser vivida, e nos tornamos uma fonte de alegria para nossa família e todos à nossa volta.

SENTAR-SE RELAXADO

Quando você se senta e assiste à televisão, não faz nenhum esforço. Por isso você pode ficar assim por muito tempo. Quando você se senta para meditar, se você se esforçar, não vai conseguir fazê-lo por muito tempo. Por favor, imite o jeito com o qual você se senta em sua sala de estar. Não se esforçar é a chave do sucesso. Não lute. Não se esforce demais. Apenas se permita ficar sentado. Esse jeito relaxado de se sentar também descansa. Permita a seu corpo descansar e ficar confortável.

SENTADO E CALMO

Quando você põe suco de laranja fresco em um copo e o deixa parado por cinco minutos, toda a polpa desce para o fundo. Se você se permite ficar sentado de um jeito relaxado e pacífico, isso acalma e ajusta seu corpo e sua mente. Sentar-se assim permite que você desfrute de sua inspiração e expiração, que você saboreie estar vivo e apenas estar ali sentado.

O HÁBITO DA TENSÃO
———

Há alguns anos, fui à Índia visitar a comunidade budista dos intocáveis. Um amigo havia organizado para mim uma viagem para dar aulas. Ele pertencia a essa casta, que foi discriminada por milhares de anos. Ele estava sentado ao meu lado no ônibus, à minha direita. Eu estava gostando de olhar pela janela e ver a paisagem rural da Índia. Mas quando olhei para ele, vi que ele estava muito tenso. Ele tinha feito tudo para tornar minha visita agradável, mas continuava preocupado. Essa energia habitual havia sido transmitida a ele por muitas gerações de ancestrais que tinham lutado por toda a vida contra a discriminação. É difícil mudar esse tipo de hábito. Eu disse:

— Amigo, por que está tão tenso? Você organizou tudo muito bem. Não há nada para fazer agora que estamos no ônibus; e quando chegarmos, nossos amigos vão à estação nos receber. Apenas fique sentado, relaxe e aproveite a viagem.

Ele disse:

— Está bem.

Mas dois minutos depois, ele estava exatamente igual a como estava antes, muito tenso, preocupado com o futuro e sem conseguir ficar à vontade no aqui e agora. Muitos de nós somos assim. Nossa prática visa parar de correr, e tomar consciência de que todas as maravilhas da vida estão disponíveis no aqui e agora.

MEDITAÇÕES PARA DESCANSAR E RELAXAR

CONVIDAR O SINO

Há tranquilidade, paz e alegria dentro de nós, mas precisamos chamá-las para que elas possam se manifestar. Convidar um sino a tocar é um jeito de trazer à tona a alegria e a tranquilidade interiores. Eu convido o sino desde que tinha 16 anos. Quando quero convidar o sino pequeno, eu o seguro na palma da mão e inspiro e expiro. "Ao inspirar, eu me acalmo. Ao expirar, sorrio." Se você quer convidar o sino, apresento um poema curto para aprender de cor. Recite o primeiro verso do poema quando inspirar, o segundo quando expirar, e assim por diante.

> *Corpo, fala e mente em perfeita unidade,*
> *Envio meu coração junto com o som deste sino.*
> *Que todos os que escutem despertem do esquecimento,*
> *e transcendam o caminho de ansiedade e tristeza.*

ESCUTAR O SINO

O sino é um amigo, alguém que nos ajuda a voltar para nós mesmos e ficar calmos. Nós convidamos a tranquilidade a se manifestar. Com a ajuda do sino, nossa mente se recolhe e é levada de volta para o momento presente. Paramos de pensar e falar e voltamos para nós mesmos, respirando e relaxando. Enquanto escuta, você pode perceber que sua inspiração e expiração naturalmente se tornam mais longas e mais relaxadas. Eis aqui um poema para escutar o sino. "Seu verdadeiro lar" significa sua própria ilha, sua solidez, paz e alegria.

> *Escute, escute.*
> *Esse som maravilhoso*
> *me traz de volta*
> *ao meu verdadeiro lar.*

ACALMAR A PREOCUPAÇÃO

Às vezes, pensamos e nos preocupamos sem parar. É como ter uma fita cassete rodando continuamente em nossas mentes. Quando deixamos a televisão ligada por muito tempo, ela fica quente. Nossa cabeça também fica assim frente ao nosso pensamento. Quando não conseguimos parar, podemos não dormir bem. Mesmo que tomemos um remédio para tal, vamos continuar a correr, pensar e nos preocupar com nossos sonhos. O remédio alternativo é o mindfulness. Se praticamos a respiração com atenção plena por cinco minutos, permitindo que nosso corpo descanse, paramos de pensar durante esse período. Podemos usar expressões como "para dentro" e "para fora" para nos ajudar a ter consciência de nossa respiração. Isso não é pensar; essas expressões não são conceitos. São guias para a atenção plena na respiração. Quando pensamos demais, a qualidade do nosso ser se reduz. Ao pararmos o pensamento, aumentamos a qualidade do ser. Há mais paz, relaxamento e descanso.

PARA DENTRO, PARA FORA, FUNDO, DEVAGAR

Eis um poema para praticar a qualquer hora, mas especialmente quando você estiver com raiva, preocupado ou triste. Se você souber praticar esse poema, vai se sentir muito melhor depois de apenas um ou dois minutos.

> *Para dentro, para fora.*
> *Fundo, devagar.*
> *Calma, tranquilidade.*
> *Sorria, libere.*
> *Momento presente, momento maravilhoso.*

"Para dentro e para fora" significa que quando inspiro, sei que estou inspirando, e quando expiro, sei que estou expirando. Você está 100% com sua inspiração e sua expiração. Não pense em mais nada. Esse é o segredo do sucesso.

Depois de praticar "Para dentro e para fora" três, quatro ou cinco vezes, você vai perceber que sua inspiração fica naturalmente mais profunda, e sua expiração fica mais lenta. Sua respiração fica calma, e você, mais pacífico. Isso é o "Fundo, devagar".

"Calma, tranquilidade" significa "Ao inspirar, me sinto calmo. Ao expirar, me sinto tranquilo". Esse exercício é maravilhoso de praticar, especialmente quando se está nervoso, com raiva ou não se sente em paz.

Então você chega ao "Sorria, libere". "Ao inspirar, sorrio." Você pode achar difícil demais sorrir. Mas depois de praticar três ou quatro vezes, pode sentir que consegue sorrir. Se você conseguir sorrir, vai se sentir muito melhor. Você pode reclamar:

— Por que você quer que eu sorria? Não é natural.

Muitas pessoas me perguntam isso e reclamam:

— Não há alegria em mim. Não posso me forçar a sorrir, não seria verdadeiro.

Sempre digo que um sorriso pode ser uma espécie de treino de ioga, uma ioga da boca. Apenas sorria, mesmo que não sinta alegria. Depois de sorrir, você vai ver que se sente diferente. Às vezes, a mente assume a iniciativa, e, às vezes, você deve permitir que o corpo tome a iniciativa.

EXAMINAR O CORPO

Se você tiver apenas alguns minutos para se sentar ou deitar e relaxar, pode fazer um exame em seu corpo. Começando no alto da cabeça e descendo até os pés, você leva uma consciência plena de atenção a partes de seu corpo. Você pode levar atenção para muitas ou apenas algumas partes de seu corpo. Isso pode ser feito a qualquer hora e qualquer lugar para descansar e aliviar o estresse no corpo e na mente.

Ao inspirar, tenho consciência de meus olhos.
Ao expirar, sorrio para meus olhos.

Ter olhos em boas condições é uma coisa maravilhosa. Precisamos cuidar deles e descansá-los de vez em quando, especialmente quando estamos trabalhando.

Ao inspirar, tenho consciência de meu coração.
Ao expirar, sorrio para meu coração.

Você menosprezou seu coração por muito tempo. É possível causar problemas para o coração pela forma com que se descansa, trabalha, come e bebe. Ele trabalha dia e noite para seu bem-estar, mas devido a sua falta de mindfulness, você não tem o ajudado muito. Uma ou duas vezes por dia, escolha pelo menos uma parte de seu corpo na qual se concentrar e pratique relaxamento.

MEDITAÇÃO PARA O TELEFONE

Quando você quer pegar o telefone para ligar para alguém, primeiro pratique inspirar e expirar para se acalmar.

> *Palavras podem viajar milhares de quilômetros.*
> *Palavras podem ajudar a restaurar a comunicação*
> *e construir um entendimento recíproco.*
> *Prometo que a conversa que vou ter*
> *vai nos aproximar mais,*
> *e fazer com que nossa amizade desabroche como uma flor.*

Quando você recebe uma ligação, também pode praticar respiração com atenção plena antes de atender ao telefone.

> *Escuto, escuto.*
> *A campainha plena de atenção do telefone*
> *me traz para meu verdadeiro lar.*

MEDITAÇÃO NO COMPUTADOR

Um sino é um amigo, uma invenção para nos ajudar. Se você trabalha em um computador, pode ser levado por seu trabalho de tal jeito que se esquece que tem um corpo, esquece que está vivo. Você às vezes se esquece até de respirar. Então você pode programar seu computador para que a cada quinze minutos ele emita um barulho de sino, permitindo que você volte para si mesmo, sorria e inspire e expire antes de continuar a trabalhar. Muitos de nós fazem isso. O som de um sino para lembrá-lo de voltar para si mesmo e desfrutar de sua respiração é um jeito maravilhoso de fazer uma pausa.

RELAXAMENTO PROFUNDO

O relaxamento profundo é uma oportunidade para seu corpo descansar, curar e se restaurar. Você leva atenção para cada parte de seu corpo: cabelo, couro cabeludo, cérebro, orelhas, pescoço, ombros, braços, mãos, dedos, pulmões, cada um dos órgãos internos, o sistema digestivo, pelve, pernas, pés, dedos dos pés. Você manda seu amor e carinho para cada parte e cada célula de seu corpo.

Deite-se de costas com os braços ao lado do corpo.
Fique confortável. Permita que seu corpo relaxe. Tome consciência do chão e o contato de seu corpo com o chão.
Permita que seu corpo afunde no chão.

Tome consciência de sua respiração, para dentro e para fora. Tome consciência de seu abdômen subindo e descendo conforme você inspira e expira.

A ARTE DE RELAXAR

Ao inspirar, leve sua consciência para os olhos. Ao expirar, permita que eles relaxem. Permita que seus olhos afundem na sua cabeça. Libere a tensão em todos os músculos em torno deles. Os olhos permitem que você veja um paraíso de formas e cores. Permita-os descansar. Envie amor e gratidão para os olhos.

Ao inspirar, leve sua consciência para a boca. Ao expirar, permita que sua ela relaxe. Libere a tensão em torno da boca. Seus lábios são pétalas de uma flor. Deixe que um sorriso delicado desabroche neles. Sorrir libera a tensão em centenas de músculos de seu rosto. Sinta-a se liberar em suas bochechas, seu maxilar e sua garganta.

Ao inspirar, leve sua consciência para os ombros. Ao expirar, permita que eles ombros relaxem. Deixe que afundem no chão. Permita que toda a tensão acumulada flua para o chão. Você carrega coisas demais nos ombros. Agora deixe-os relaxar enquanto você cuida deles.

Ao inspirar, tome consciência dos braços. Ao expirar, relaxe-os. Deixe que os braços afundem no chão. Relaxe a parte superior, seus cotovelos, antebraços, pulsos, suas mãos, e todos os músculos pequeninos nos dedos.

Movimente um pouco os dedos se for preciso, ajudando seu corpo a relaxar.

Ao inspirar, leve sua consciência para o coração. Ao expirar, permita que seu coração relaxe. Você o menosprezou por muito tempo, e provoca estresse pela forma como trabalha, come e lida com a ansiedade e o estresse. O coração bate para você dia e noite. Abrace-o com atenção plena e carinho, reconcilie-se e cuide dele.

Ao inspirar, leve sua consciência para as pernas. Ao expirar, permita que elas relaxem. Libere toda a tensão nas pernas, nas coxas, nos joelhos, nas panturrilhas, nos tornozelos, nos pés, nos dedos, e em todos os músculos pequeninos dos dedos. Você pode querer mexer os dedos um pouco para ajudá-los a relaxar. Envie seu amor e carinho para os dedos dos pés.
Ao inspirar, ao expirar, todo o seu corpo se sente tão leve quanto um lírio flutuando na água. Você não tem nenhum lugar para ir, nada para fazer. Você é livre como uma nuvem flutuando no céu.

Leve sua consciência de volta para sua respiração, para seu abdômen, subindo e descendo.

Siga sua respiração, torne-se consciente de seus braços e pernas. Você pode querer movimentá-los um pouco e se esticar.

Quando se sentir pronto, sente-se devagar.

Quando estiver pronto, fique de pé devagar.

TÍTULOS RELACIONADOS

Awakening Joy, de James Baraz e Shoshana Alexander

Be Free Where You Are, de Thich Nhat Hanh

Respire! Você está vivo. sutra sobre a plena consciência na respiração, de Thich Nhat Hanh

Deep Relaxation, de Irmã Chan Khong

Felicidade: práticas essenciais para uma consciência plena, de Thich Nhat Hanh

A arte de comer, de Thich Nhat Hanh

A arte de amar, de Thich Nhat Hanh

A arte de sentar, de Thich Nhat Hanh

The Long Road Turns to Joy, de Thich Nhat Hanh

Making Space, de Thich Nhat Hanh

Not Quite Nirvana, de Rachel Neumann

Planting Seeds, de Thich Nhat Hanh e da comunidade de Plum Village

Ten Breaths to Happiness, de Glen Schneider

World As Lover, World As Self, de Joanna Macy

Monges e leigos praticam a arte da vida com atenção plena na tradição de Thich Nhat Hanh em retiros comunitários pelo mundo. Para falar com qualquer dessas comunidades, ou para obter informação sobre indivíduos e famílias se juntarem a elas para um período de prática, por favor, entre em contato com:

Plum Village
13 Martineau
33580 Dieulivol, França
plumvillage.org

Mosteiro Magnolia Grove
123 Towles Rd.
Batesville, MS 38606, EUA
magnoliagrovemonastery.org

THICH NHAT HANH

Mosteiro Blue Cliff
3 Mindfulness Road
Pine Bush, NY 12566, EUA
bluecliffmonastery.org

Mosteiro Deer Park
2499 Melru Lane
Escondido, CA 92026, EUA
deerparkmonastery.org

O *The Mindfulness Bell*, jornal sobre a arte da vida com atenção plena na tradição de Thich Nhat Hanh, é publicado três vezes por ano pela Plum Village.

Para assinar ou ver a localização de Sanghas por todo o mundo, visite mindfulnessbell.org.

Este livro foi impresso pela Assahi, em 2021, para a HarperCollins Brasil. O papel do miolo é pólen bold 90g/m², e o da capa é cartão 250g/m².